हब्बा ख़ातून और अरणिमाल के गीत-गान

हब्बा ख़ातून और अरणिमाल के गीत-गान

कश्मीर की दो कोयलें

अनुवाद एवं प्रस्तुति

सुरेश सलिल

मधु शर्मा

वाणी प्रकाशन

वाणी प्रकाशन
4695, 21-ए, दरियागंज, नयी दिल्ली 110 002
शाखा
अशोक राजपथ, पटना 800 004
फ़ोन: +91 11 23273167 फ़ैक्स: +91 11 23275710
www.vaniprakashan.in
vaniprakashan@gmail.com

HABBAKHATOONAURARANIMAALKEGEET-GAAN
Translated by Suresh Salil & Madhu Sharma

ISBN : 978-93-5072-444-6

Poems

प्रथम संस्करण
मूल्य : ₹95

शुभम् ऑफ़सेट, दिल्ली-110 032 में मुद्रित

वाणी प्रकाशन का लोगो मक़बूल फ़िदा हुसेन की कूची से

अनुक्रम

हब्बा ख़ातूनः ज़िंदगी और कविता

सुरेश सलिल

कश्मीर की अपनी कविता में हब्बा ख़ातून की ख्याति 'बुलबुले-कश्मीर' अर्थात् काव्य कोकिला के रूप में है। यहाँ 'अपनी' कविता से आशय संस्कृत-प्राकृत-अपभ्रंश वाली प्राचीन साहित्य धारा से भिन्न उस धारा से है, जिसकी शुरूआत 14 वीं सदी में सुलतानी हुकूमत के साथ हुई और जिसका श्रेय लल्लद्यद (1335-1385) व शेख नूरुद्दीन (1377-1440) को जाता है। लल्लद्यद के आविर्भाव के चार वर्ष उपरांत कश्मीर की सत्तापीठ पर सुलतान काल के प्रथम शासक शाहमीर का प्रभुत्व हुआ और शीघ्र ही वहाँ फारसी को राजभाषा का दर्जा मिल गया। इस शासकीय परिवर्तन की छाया वहाँ की शिक्षा, संस्कृति और कलाओं पर पड़नी स्वाभाविक थी। लल्लद्यद और शेख नुरुद्दीन की आध्यात्मिक रुझान वाली कविता ने इस बदलाव का आंशिक प्रभाव ग्रहण किया, किन्तु एक शताब्दी बीतते-न बीतते, जैनुल आब्दीन (1420-70) के शासनकाल में सामने आई रचनाओं में, संस्कृत और लौकिक भाषा के समांतर, फारसी की छाप अधिक स्पष्टता से उभरती लक्ष्य की गई। इस परिवर्तन का एक गुणात्मक प्रभाव यह हुआ कि कविता राजदरबारों और भद्रलोक तक सीमित न रहकर, लोक तक अपना प्रभावक्षेत्र विस्तृत करने में सक्षम हुई और ऐतिह्य व ज्ञानात्मक संवेदना की अपेक्षा लोकसमृद्ध भावात्मक संवेदना के स्वर उसमें प्रमुखता से उभरने शुरू हुए। हब्बा ख़ातून (1552-53-1605) के काव्य-स्वर को इस परिवर्तन की सबसे प्रभावशाली अभिव्यक्ति मानना होगा।

लल्लद्यद का समय कबीर से पहले का है। सरहपाद आदि कवियों की आध्यात्मिक रुझान वाली ज्ञानात्मक संवेदना संत काव्य के इस दौर में प्रमुखता से लक्ष्य की जा सकती है। हब्बा ख़ातून का आविर्भाव सूरदास के भ्रमरगीतों और मीरा के कृष्ण-प्रीति की तन्मयता वाले पदों के परिवेश में हुआ। सूरदास की कविता में तंत्री-वाद्य के सुरों की झंकार के साथ-साथ तथाकथित आंगिक लोकलाज

की ठेंगा दिखाती भंगिमाएं और पैरों की तन्मय थिरकन भी थी। हब्बा ख़ातून की कविता को मीरा की कविता की भावात्मक संवेदना का विस्तार इसलिए मानना होगा, क्योंकि यहां प्रणयजन्य विरह वेदना यथार्थ भौतिक जीवन से जुड़कर अधिक विश्वसनीय, अधिक प्रामाणिक रंग में हमारी संवेदना में उतरती है। मीरा की भाँति, हब्बा के यहाँ कृष्ण जैसा कोई पौराणिक अमूर्तन नहीं है - जो कुछ है यथार्थ जीवन से लिया-दिया है-एकदम सीधे-सीधे। फिर भी हम हब्बा की कविता को सूर के भ्रमरगीतों और मीरा-काव्य का ही विस्तार मानेंगे।

हिन्दी में मीरा की परम्परा अगर बीसवीं सदी तक महादेवी वर्मा के रूप में पहचानी जा सकती है, तो कश्मीरी कविता में हब्बा की परम्परा 18वीं सदी की अरणिमाल से होती हुई 19वीं-20वीं सदी के संधि-बिंदु पर महजूर के काव्य-स्वर में झंकृत होती सुनी जा सकती है। उसके बाद भी। सच तो यह है कि विगत चार सौ सालों के दरमियान कश्मीरी कविता पर अगर किसी एक व्यक्तित्व की एकतान छाप लक्ष्य की जा सकती है, तो वह हब्बा खातून ही है। हब्बा ख़ातून का कश्मीरी कविता को एक योगदान यह भी है कि उसने कविता का संगीत के साथ संबंध पुनर्जीवित किया। वह अनेक रागरागनियों में निष्णात गायिका भी थी। राग इराक जैसे रागों में बंध कर उसकी कविता लोक-स्मृति में ही सदियों तक सुरक्षित रही। इस सबके बावजूद, विडम्बना ही है, कि हब्बा ख़ातून की कोई व्यवस्थित और प्रामाणिक जीवनी कश्मीरी में उपलब्ध नहीं है। इतिहासकारों के यहां भी हब्बा को लेकर लगभग सन्नाटा है-बावजूद इसके, कि सुलतान काल के कश्मीर के अंतिम शासक यूसुफ़ शाह चक के शासनकाल (1579-1585) में यूसुफ के जीवन और कश्मीरी कविता तथा गायन संगीत के साथ हब्बा का बहुत गहरा, लगभग निर्णायक रिश्ता रहा। प्रामाणिक जीवनी को छोड़ें, हब्बा की कविता का कोई लिखित पाठ भी 1950 से पहले तक सुलभ नहीं रहा। ऐसी ही विडम्बना मध्यप्रदेश के मांडू से जुड़ी रानी रूपमती के साथ रही।

बाजबहादुर-रूपमती प्रेमाख्यान से जुड़ी और हब्बा की समकालीन रूपमती भी कवयित्री थी-संगीत और गायन से उसका भी बहुत गहरा सम्बन्ध था। किन्तु उसकी कविता को सुरक्षित नहीं रखा जा पाया- चारणों के कंठ तक ही सीमित रह कर वह विस्मृति के गर्भ में खो गई-बेशक रूपमती के दो-चार दोहे, कहीं मीरा के नाम से जुड़कर कहीं नज़ीर अकबराबादी के नाम से जुड़कर यदा-कदा चर्चाओं में उभर आते हैं। भारतीय मानस की यह इतिहास विमुखता न जाने कितना-क्या निगल गई!

माना जाता है कि हब्बा ख़ातून का जन्म 1552-53 में, श्रीनगर के दक्षिणी अंचल पंपोर के चंदहार नामक गांव में एक अच्छे खाते-पीते परिवार में हुआ और उसके पिता का नाम आब्दी राथार था। शिक्षा का उस जमाने में अधिक प्रचार न होने के बावजूद हब्बा के पिता ने उसका महत्व समझा और दीनी मदरसे में उसे तालीम दिलाई। हब्बा बचपन में ही कविता करने लग गई थी। यह अभिज्ञा उसे कैसे-कहाँ से मिली, यह स्पष्ट नहीं है। उसके गीतों से जो आत्मकथात्मक तथ्य उपलब्ध होते हैं, उनके अनुसार किशोरावस्था में उसके जीवन में एक प्रेम-प्रसंग भी अंकुरित हुआ था, जो बहुत आगे नहीं बढ़ पाया और लोकापवाद के भय से उसी किशोरावस्था में उसका विवाह कर दिया गया। हब्बा का पति और ससुराल-पक्ष उसकी रुचियों के बिल्कुल विपरीत, निरक्षर और निरा दुनियादार था। फिर भी हब्बा ने अपने वैवाहिक जीवन को सफल बनाने में कोई कोर-कसर नहीं छोड़ी। काव्य-रचना और गायन के साथ-साथ, गृहस्थी के सभी छोटे-बड़े काम वह करती-घर के बाहर ढोर चराने, खेतों में काम करने भी जाती। तब भी न वह पति का प्यार पा सकी, न सास-ससुर की आत्मीयता। उपेक्षा और शारीरिक प्रताड़नाएँ ही उसके हिस्से आईं। यहाँ तक, कि एक दिन उसे ससुराल के घर से भी वंचित हो जाना और मायके की ओर पुनः रुख करना पड़ा। परित्यक्ता होने की वजह से मायके में भी अच्छी नजरों से नहीं देखा गया। तब भी मायके में ही रह कर वह किसी तरह जीवन काटती रही। इस समय तक उसके वचन और राग-रागनियों से आप्लावित उसका गायन लोक में विख्यात हो चुके थे। उसकी यह शोहरत युवराज यूसूफ़शाह चक के कानों तक भी पहुँची। वह कविता, संगीत और कलाओं का बहुत प्रेमी था। कहते हैं, कश्मीरी, संस्कृत और फारसी का वह अच्छा जानकार था, कविता करता था तथा अनेक कवि और कला-प्रवीण उसके दरबार की शोभा बढ़ाते थे। प्रक्रिया जो भी रही हो, यूसुफ़शाह की पहल पर, हब्बा कश्मीर के राजमहल तक पहुँच गई और अगले पाँच-छह सालों तक युसुफ़शाह के दिल की धड़कन बन कर रही। इस अवधि में एक ओर जहाँ उसकी कविता और संगीत को पर्याप्त विकास का अवसर मिला, वहीं यूसुफ़शाह के साथ दृश्य-दर्शन और पर्यटन का सुख-भोग भी उसने किया। पहाड़ों, झीलों और मीलों-मील फैले फूलों और हरे-भरे नज़ारे के बीच हब्बा के वचनों और संगीत की स्वरलहरियाँ गुंजरित होती रहतीं। माना जाता है कि पर्यटन स्थल के रूप में गुलमर्ग की खोज यूसुफ़शाह और हब्बा ख़ातून ने ही की थी।

1586-87 में कश्मीर की सुलतानी सत्ता का पतन हुआ और उसके साथ ही यूसुफ़ शाह व हब्बा ख़ातून के सितारे गर्दिश में डूब गये। कश्मीर पर मुगल सम्राट अकबर का परचम लहराने लगा और यूसुफ़ शाह को निर्वासित करके बिहार के

बासोक स्थान में भेज दिया गया। 1592 में वहीं उसका निधन हुआ-वहीं उसे दफ़्न किया गया। अकबर भी स्त्री-सौंदर्य, कविता और संगीत का प्रेमी था। वह हब्बा को अपने दरबार में लाना चाहता था। इस इरादे से उसने उसकी तलाश भी करवाई, किंतु हब्बा मुगल सरदारों के हाथ न आई। वह पोशीदा तौर पर शाही महल से निकल कर फिर जीवन के ऊबड़खाबड़ पथ पर चल पड़ी। कहा जाता है, उसने कुछ समय चंदहार में भी गुजारा, लेकिन अपने जीवन के अन्तिम दिन उसने एक वीतराग संन्यासिनी की भाँति, वितस्ता नदी के किनारे, पांता छौक की एक कुटी में काटे। वहीं उसका निधन हुआ और वहीं उसे ख़ाकनशीं किया गया। एक लोकविश्वास यह भी है कि युसूफ़शाह की क़ब्र की बग़ल में उसे दफ़नाया गया। किन्तु उपलब्ध तथ्यों से इसकी पुष्टि नहीं होती। हब्बा ख़ातून के जन्मस्थान को लेकर भी एक और अन्तर्कथा है कि उसका जन्म कश्मीर और गिलगित के सीमांचल-क्षेत्र गुरेज़ में हुआ था। इसे भी तर्कसंगत नहीं माना गया। यह भी स्पष्ट नहीं है कि यूसुफ़ शाह से उसके सम्बन्ध किस तरह के थे-पत्नी के रूप भं या कि हरम की एक रखैल के रूप में। जो भी हो, इतना स्पष्ट है कि जब तक दोनों साथ रहे, भावनात्मक रूप से यूसूफ़ के सबसे निकट हब्बा ही रही-लगभग छाया की भाँति। बाद में भी, यूसुफ़ के साथ बिताये दिनों को वह अपने गीतों में पिरोती रही। कहते हैं, हब्बा खातून का बचपन का नाम हबीबा था, जो विवाह के बाद हब्बा ख़ातून हो गया। कुछ लोग उसका बाल्य-नाम 'जूनी' बताते हैं। जूनी, अवधी के 'जोन्हैया' शब्द की तर्ज़ पर, कश्मीरी में चन्द्रमा का एक पर्यायवाची रूप है।

श्री श्यामलाल साधू ने उचित ही कहा है कि "हब्बा ख़ातून कश्मीरी भाषा में वेदना, अभाव और पीड़ा को स्वर देने वाली प्रथम मानवतावादी और लोकपरक (धर्म निरपेक्ष) कवयित्री है, जिसमें नाममात्र को भी कृत्रिमता अथवा अस्वाभाविकता नहीं है।...उसने अपनी अगाध भावनाओं को उस समय की कविता में प्रचलित रहस्यवादी प्रकृति से प्रेरित नहीं होने दिया।" हब्बा ख़ातून कश्मीर की वह पहली कवयित्री हैं जिसने गीत-विधा को अपनी अभिव्यक्ति का माध्यम बनाया और कश्मीरी कविता में गीति-धारा प्रवाहित की। उसके गीतों में यत्र-तत्र फारसी के शब्द दिख भले जाते हैं, लेकिन उसकी काव्य-भाषा फारसी काव्य-परम्परा में विकसित होने के बजाय लोक-व्यवहार की भाषा से विकसित हुई। शायद इसीलिए हब्बा की कविता इतनी लम्बी अवधि तक लोक की स्मृति में सुरक्षित रह पाई। निस्संदेह, हब्बा खातून की कविता कश्मीरी कविता की अपनी मौलिक पहचान और सबसे मूल्यवान विरासत है, जो हमारे समय तक अक्षुण्ण बनी हुई है।

—सुरेश सलिल

हब्बा ख़ातून के गीत-गान

अनुवाद

सुरेश सलिल

तुम बिन

अनुपम छविवारे, ओ मेरे प्यारे,
ललक रहे हैं
            मेंहदी-रचे मेरे हा ऽ थ
                        तुम्हें सहलाने को,
तड़फ रही हूँ
            तुम्हारी रतनारी झलक
                        एक पाने को!

आओ, बुझाओ प्यारे, मेरी अबुझ प्यास
कैसे कटें तुम बिन ये बंजर दिवस-मास!

एक बार और अपनी झलक दिखा जाओ!

देखो,
किस तरह मैं तुम्हारे नाम की माला फेरती हूँ
भेंट करती हूँ सपनों से भरपूर अपनी ज़िन्दगी तुम्हें!

ज़िन्दगी के गुलाब की कलियाँ चुनने के जश्न में
मौक़ा दो मुझे भी अपने साथ थिरकने का—
नींद और चैन को तरसती ये मेरी आँखें
तुम्हारी ही डगर निहारे जा रही हैं।

एक बार और अपनी झलक दिखा जाओ!
ठठरी-भर रह गई है ये मेरी देह
तुमसे बिछुड़ कर।

मेरी पुकार नहीं सुनी?

दूऊऊर चरागाहों पर बहार उतर आई है
तुमने क्या मेरी पुकार नहीं सुनी?

पहाड़ी झीलों में फूल खिलखिला रहे
पठारी मैदान हमें ऊँची आवाज़ में बुला रहे

दूऊऊर जंगलों में
बकायन में फूल आ गये हैं–
तुमने क्या मेरी पुकार नहीं सुनी?

तुम्हें ढूँढते हुए

बल खाती बहती नदियों के मुहाने तक जाऊँगी मैं
तुम्हें ढूँढते हुए
विनती-अरदास करती यहाँ-वहाँ डोलूँगी मैं
तुम्हें ढूँढ़ते हुए

ढूँढूँगी मैं तुम्हें चँबेली की कुंजों में,
मत कहो, दुबारा अब मिलना नहीं होगा।

पीले गुलाब के झाड़ों पर फूल मुस्कुरा रहे
मेरी भी कलियाँ फूल बनने को कसमसा रहीं,

दरसन की प्यासी इन अँखियों को
और न तरसाओ—
मत कहो, दुबारा अब मिलना नहीं होगा।

मैं मालिन अलबेली

भौंहों से पसीने के मोती टपकाती
मैं मालिन अलबेली बनफ़्शे के फूल चुनती।

शालामार में शराब का प्याला भरते हुए
गूँथते हुए माला फूलों की–
यार की अवाई से हुलसती-थिरकती
गैं मालिन अलबेली बनफ़्शे के फूल चुनती।

इशाबार में मैंने भरीं सुराहियाँ
पटिया पारीं अपनी, गूँथी फूलों की माला
उसके लिए, जो है आने वाला।
मैं मालिन अलबेली बनफ़्शे के फूल चुनती।

लूटो मज़ा मेरे अनार के फूलों का

प्यारे, तुम्हारे लिए मैंने गुलदस्ते बनाये हैं
लूटो मज़ा मेरे अनार के फूलों का!

मैं ज़मीन हूँ, तुम आसमान हो
मेरी दिली ख़्वाहिशों पर चाँदनी छाये हुए;
मैं पकवानों से सजी दस्तरख़्वान हूँ
और—प्यारे, तुम!—तुम मेरे मेहमान!
लूटो मज़ा मेरे अनार के फूलों का!

सपनों की अपनी दुनिया में बेसुध
लैला ने अँधेरे में इक शमा जलाई।
मैं परवाना हूँ, और—प्यारे, तुम!
—तुम मेरी शमा।
लूटो मज़ा मेरे अनार के फूलों का!

गरमी के मौसम में बेरौनक होते जाते
फूल चम्पे के ये, जल्दी ही सूख जायेंगे,
आजा, ओ बुलबुल,
इनके बदरंग होने से पहले!
लूटो मज़ा मेरे अनार के फूलों का!

भीतर तक डूब कर जो सुर मैंने साधे
कभी परवाह न की तुमने उन्हें सुनने की!
अपना सर्वस् तुम्हें सौंपने में
क्या मुझसे चूक हुई?

लूटो मज़ा मेरे अनार के फूलों का!
चाक पर कुम्हार हरेक भाँडे को
उसकी ख़ास बनक में सवाँरता है—
सबको एक जैसी, लेकिन,
ख़ूबसूरती नहीं मिलती।
लूटो मज़ा मेरे अनार के फूलों का!

मैं तुम्हारे लिए पशम की ऊन लाई हूँ
मेरी पसंद को ख़ारिज मत करना, प्यारे!
हब्बा ख़ातून हरदम
तुम्हारी ही हौंस से भरी रहती है।
लूटो मज़ा मेरे अनार के फूलों का!

लबरेज़ हूँ मैं

अंग-अंग प्रीति की चोट खाया हुआ,
शिद्दत की चाहत से लबरेज़ हूँ मैं।

दीवार-पार से उसने एकटक मुझे ताका
मलाई-जैसी मुलायम लोई से मैंने उसकी बलैयाँ लीं,
लेकिन वो मेरी अनदेखी क्यूँ करे?
शिद्दत की चाहत से लबरेज़ हूँ मैं।

दरवाज़े से उसने एकटक मुझे ताका
(हैरत है, उसे मेरा घर कैसे पता चला!)
और मेरा अंग-अंग प्रीति-प्रतीति से टीस उठा।
शिद्दत की चाहत से लबरेज़ हूँ मैं।

खिड़की से झाँक कर उसने एकटक मुझे ताका
और हंस-जैसी गर्दन, तावीज़ों-जंज़ीरों के जादू से
मेरा दिल चुरा ले गया।
शिद्दत की चाहत से लबरेज़ हूँ मैं।

छत के रोशनदान से उसने एकटक मुझे ताका
कोयल के जैसे सुरीले सुर में गान गाया
और पलक झपकते-न-झपकते उड़नछू हो गया!
शिद्दत की चाहत से लबरेज़ हूँ मैं।

नदी-घाट पर उसने एकटक मुझे ताका
और तन-मन में प्रीति की आग लगा गया
इस बदनसीब सुर्ख़ गुलाब को झुलसा गया...
शिद्दत की चाहत से लबरेज़ हूँ मैं।

प्यार में दीवानावार, चाँद-पखवारे के उतार पर
बहुत हस्रतमंद नज़र से उसने एकटक मुझे ताका—
लेकिन भला क्यूँ, अब दर-दर वो डोलता-छुछुआता फिरे?
शिद्दत की चाहत से लबरेज़ हूँ मैं।

तुम पे वारूँ मैं ये ज़िन्दगानी

तुम्हारी एक मुलाक़ात मेरी सारी बीमारियों की दवा है
तुम पे वारूँ मैं ये ज़िन्दगानी, प्यारे!

शायद बहुत लज़ीज़ पकवान तुम्हारे आगे परोस पाऊँ
और जाम-के-बाद-जाम लाल शराब के
और गले में, मेरी गूँथी लाल गुलाबों की माला...
तुम पे वारूँ मैं ये ज़िन्दगानी, प्यारे!

रुपहली देह पर मलाई की मालिश की है
संदल की ख़ुश्बू बसाई है अंग-अंग में,
इतनी घनी है मेरी लालसा; न टरे-टारे
तुम पे वारूँ मैं ये ज़िन्दगानी, प्यारे!

पहाड़ की चोटी पर चाँद जा-टँगा है जैसे
जल्दी ही, उसी तरह, मुझे भी जाना होगा।
अरे, तुम कहाँ चैन की नींद सो रहे हो?
तुम पे वारूँ मैं ये ज़िन्दगानी, प्यारे!

तोते की क़िस्मत बिल्ली के पंजों से जुड़ी है
मैंने खुद को परवरदिगार की मर्ज़ी पर छोड़ दिया है—
नसीबा से कब तक बची रह सकती हूँ भला!
तुम पे वारूँ मैं ये ज़िन्दगानी, प्यारे!

नहीं आओगे एक बार भी?

तुम्हारी चमक से सारा धुँधलका छँट जाता है
अब तुम क्या नहीं आओगे एक बार भी?

ओ जवानी, पशम की फिरन!
इतने भड़कीले रंग से किसने तुझे रँगा?
ख़्वाब में भी न सोचा था, ख़ुराक बनेगी कीड़े-मकोड़ों की!
अब तुम क्या नहीं आओगे एक बार भी?

अँधेरे में डूबे नदी के घाट पर
अनभरा और अनदेखा ही रह गया मेरा घड़ा,
गुनाहों का तूफ़ान जल्दी ही उसे चकनाचूर कर देगा।
अब तुम क्या नहीं आओगे एक बार भी?

प्रेमदीवानी मैं, रात में घर से निकली
कान में सोने के झुमके, गले में मूँगे की माला—
और लोगों ने मेरे पीछे चोर लगा दिया।
अब तुम क्या नहीं आओगे एक बार भी?

मेरा दिलदार, नाम उसका कमाल,
रहता है दूर-देश जमालता में—
किसके भरोसे मुझे छोड़ रक्खा है भला?
अब तुम क्या नहीं आओगे एक बार भी?

दोस्ती का इकरारनामा तोड़ देने पर
कैसे भला बचा रह सकता है प्यार!
और, प्यार-बिना, टूक-टूक नहीं हो जायेगा हिया?
अब तुम क्या नहीं आओगे एक बार भी?

उसे दुबारा कब देख पाऊँगी?

कितने गुलदस्ते मैंने बनाए,
उसका प्यार पाने की उम्मीद से बँधी एक कुवाँरी!
बिछुड़ कर उससे
ठठरी-भर रह गई है यह मेरी देह।...
मैं उसे दुबारा कब देख पाऊँगी?

कोई तो मेरी अर्ज़ और अर्ज़ीनामा उस तक पहुँचाओ
रूठा हुआ बैठा है मुझसे जो!
अगर वो इंतज़ार करे, मैं क़सम उठाती हूँ,
कि मेरी ज़िन्दगी उसके क़दमों पर निछावर है।
अपनी बाँकी भौंहों पर तान कर
कितने तीर उसने मेरी तरफ़ छोड़े!
अपनी उघड़ी छाती पर लिया मैंने हरेक निशाना...
और एक ज़ख़्मी परिंदा गिर कर तड़फड़ाने लगा!

उसे समझाओ, सखी!...

आहिस्ते-आहिस्ते जाओ, सखी,
जाके उसे समझाओ, सखी!...

कि मैंने उसके लिए फूलों के गुलदस्ते बनाए हैं
दारा दर्रा-पार से वारुणी लाई हूँ उसके लिए
और वो जंगल-मैदानों में मारा-मारा फिर रहा!

क्या रक्खा है भला जंगल-मैदानों में?
मस्त है क्या वहाँ वो मेरी सौत की शराब में
और यहाँ ये चँबेली बदरंग हो रही?

आहिस्ते-आहिस्ते जाओ, सखी,
जाके उसे समझाओ, सखी!...

देखा है कभी आते-जाते तुमने उसे

देखा है कभी आते-जाते तुमने उसे
जो मुझे रात-दिन तरसा रहा!

अधबीच जाड़े में, बर्फ़ और पाले के बीच
उसने मुझे नंगे सिर-नंगे पाँवों खटाया,
जेठ-बैसाख की बरसती आग में
मेरा तन-बदन बेतरह झुलसाया,
अड़ियल और ज़िद्दी और झक्की दरिया की भाँति
किया मजबूर कहाँ-कहाँ भटकने को—

रात-दिन, सखी, वो मुझे तरसा रहा!

हरे-भरे जंगल में चिनार के दरख़्त जैसी
कैसी तो कभी मैं थी सरसब्ज़!
कि वो निर्दयी लकड़हारा आया
काट-गिरा कर ज़मीन पर डाला,
तने को दरख़्त के, एक-एक शाख़ को
आग में जला कर ख़ाक कर डाला।

रात-दिन, सखी, वो मुझे तरसा रहा!

सुन री सखी!

सुन री सखी, मेरा यार लापता है
सोच-सोच अनहोनी दिल काँपता है
रोज़-रोज़ आते-जाते हम उसे तलाशेंगे—
खेत-खलिहान
चरागाह-बागान
सऽब छान मारेंगे।
सुन री सखी...

ज्यूँ ही कम हुई उसकी मुझसे लगावट
उतर गई मैं उसके जी से,
भौंरे-सा यहाँ-वहाँ
जब वो मँडराने लगा
हो गईं अँधेरी मेरी चंदा की रातें—
टीस यही रह-रह के टीसे।

कौन-सी मोहनी रिझा कर ले गई
उसे अपने मायालोक में?
परबत पे ढूँढूँ, ढलानों में ढूँढूँ,
ढूँढूँगी सारे भूलोक में।

उसकी ख़ूँख़ार तलवार के वार से
अँसुअन-धार मेरी अँखियाँ उमड़ पड़ीं,
कौन मेट पाया है क़िस्मत का लेखा
कलियाँ दिल की मिरे
झुरा-झुरा झर पड़ीं।

मेरी तो छोऽड़ोऽ, बौरे बादामों का
लेने नज़ारा भी क्या वो नहीं आयेगा?
नेमतों में नेमत मुझको तो वो ही है
छलिया बेदर्दी कभी ये भी जान पायेगा!

इश्क़ की दारू का
हब्बा ख़ातून पर छाया है कैसा सरूर,
एक घूँट इसका जो यूसुफ़ भी भर ले, तो
यूँ न रहे फिर दूऊऊर-दूऊऊर...

सुन री सखी, मेरा यार लापता है
सोच-सोच अनहोनी दिल काँपता है
रोज़-रोज़ आते-आते हम उसे तलाशेंगे—
खेत-खलिहान
चरागाह-बागान
सऽब छान मारेंगे।
सुन री सखी...

हार शानदार मैं गूँथूँगी

थम गई है मेरी ज़िन्दगी तुम्हारे बिना–
हार शानदार मैं गूँथूँगी तुम्हारे लिए।

यार की तलाश में पहाड़ियों की भटकन
देती सौग़ात मेरी अँखियों को अँसुअन,
किस फंदेबाज़ के है चंगुल में यार मिरा
तरसूँ उसके लिए मैं जबकि यहाँ निशिदिन!

हार शानदार मैं गूँथूँगी तुम्हारे लिए।

किन गुनाहों के लिए आख़िरकार
किये मेरे दिल के उसने टुकड़े हज़ार?
भटकेगा वो भी इसी तरह एक दिन
नापता हुआ ज़मीन-आसमान,
रोता हुआ ज़ार-ज़ार–
कूच कर जाऊँगी जब मैं हरदम के लिए।

हार शानदार मैं गूँथूँगी तुम्हारे लिए।

मतलबपरस्ती ने ख़ाक किया लिया-दिया
दिल-ओ-दिमाग़ से उसके मुझे दूर किया,
ये तो नहीं है प्रीति की रीति, प्यारे,
शीश-ए-दिल को यूँ चूर-चूर किया!

हब्बा ख़ातून की उमड़ती हुई आँखें
ढहा रहीं ब्यास-औ-झेलम के कगारे।

हार शानदार मैं गूँथूँगी तुम्हारे लिए, प्यारे!

लौट आओ ओ मेरे फूलों के प्रेमी!

मेरा दिल तुमने चुराया और चुरा कर फिरंट हो गये!
लौट आओ ओ मेरे फूलों के प्रेमी!

लौट आओ, हम चँबेली के फूल चुनने चलेंगे।
अरे, मैं तो दरे-फ़ानी तक पहुँचने से पहले
तुम्हें फूल जैसा खिला देखने को तड़फड़ा रही हूँ,
लौट आओ ओ मेरे फूलों के प्रेमी!

लौट आओ, हम कासनी की पत्तियाँ चुनने चलेंगे।
अगर लोगों ने मुझ पर फब्तियाँ कसने का ही मन बना लिया है
क़िस्मत के लेखे को कैसे बदल सकती हूँ भला मैं?
लौट आओ ओ मेरे फूलों के प्रेमी!

लौट आओ, हम मीठी तुलसी की पत्तियाँ चुनने चलेंगे।
उसने तेज़धार कुल्हाड़ी से मुझ पर वार किया, और
किसी से दर्याफ़्त भी नहीं करवाया कि क्या हालत है मेरी!
लौट आओ ओ मेरे फूलों के प्रेमी!

लौट आओ, हम जंगल में भाँति-भाँति की मीठी पत्तियाँ चुनने चलेंगे।
पगलाई भीड़ के तानों से मेरा दिल तार-तार हुआ पड़ा है
मेरी हालत में वे खुद होते, तब भी क्या वैसे ही ताने कसते?
लौट आओ ओ मेरे फूलों के प्रेमी!

लौट आओ, हम चढ़ाई वाले जंगलों की तरफ़ चलेंगे।
भोला-भाला था न, बरदाश्त कर लीं

मुझ पर लगी सारी तोहमतें उसने।
लौट आओ ओ मेरे फूलों के प्रेमी!

लौट आओ, हम पहाड़ की तलहठी की तरफ़ चलेंगे।
सारे गहने दे दूँगी उतार कर मैं उसे, अपने बदन के
क्या हुआ कि उनकी क़ीमत सोने की मोहरों में है!
लौट आओ ओ मेरे फूलों के प्रेमी!

लौट आओ, हम कुएँ पर पानी खींचने चलेंगे।
सारी कायनात नींद और ख़्वाबों में खोई हुई पड़ी है
मैं जागी हुई सिर्फ़, तुम्हारी आवाज़ सुनने को।
लौट आओ ओ मेरे फूलों के प्रेमी!

अरे, मन का सारा गैल छुड़ा कर लौट आओ!
तुम्हारी प्रीति से ही सिर्फ़ मेरा दिल छल-छल छलक उठता है,
और दुनिया तो, तुम जानते ही हो कि, सराय-फ़ानी है!
लौट आओ ओ मेरे फूलों के प्रेमी!

तुम्हें क्या मिलेगा, भला!

परवरदिगार मेरे सारे गुनाह बख़्शो!
तुम्हें क्या मिलेगा, भला, मेरे मरने से?

गहरे उलझा दिये गये अपने दिन मैं घसीट रही हूँ,
तुलसी का एक हरा-भरा पौधा झुलस रहा है
भीतर सुलगती प्रीति की आग में।

तुम्हें क्या मिलेगा, भला, मेरे मरने से?

क्यों लादना खुद को भला दुनियावी दौलत से!
क़बर में तो ख़ाली हाथों ही लिटाया जाना है।
अरी जवानी, उस तरह लिटाया जाना तुझे सुकून नहीं देता?

तुम्हें क्या मिलेगा, भला, मेरे मरने से?

शुरू से आख़िर तक मैंने पढ़ी है क़ुरान,
ज़ेर-जबर की भी कभी कोई चूक नहीं हुई मुझसे,
मगर...मगर प्रीति के मरम बहुत-बहुत गहरे हैं।

तुम्हें क्या मिलेगा, भला, मेरे मरने से?

इस क़दर मुझसे नफ़रत क्यूँ?

किस रक़ीबा ने मिरी तुमको बहका लिया!
क्यूँ भला, इस क़दर मुझसे नफ़रत क्यूँ?

य' नफ़रत, य' गुस्सा तुम्हारा–
कब तलक पाले रहोगे इन्हें दिल में यूँ?
इस क़दर मुझसे नफ़रत क्यूँ?

आधी रात का वक़्त हुआ
कि पूरे खोल दिये मैंने किवाड़–
इस उम्मीद में
कि लम्हे भर को सही
तुम आओगे ज़रूर...

कैसी अनबन भला हमारे दरमियान
तुम्हारी अपनी सनक के सिवा!
जी करता है, बार-बार तुमसे पूछूँ–
इस क़दर मुझसे नफ़रत क्यूँ?

मैं हूँ यहाँ इश्क़ के शोलों के दरमियाँ
लगा है तुम्हीं से फ़क़त मेरा धियान, मियाँ!
बादाम जैसी इन आँखों में मेरी
ये आँसू नहीं, इसे कहते हैं ख़ूँ!
भला इस क़दर मुझसे नफ़रत क्यूँ?

सावन की बरफ़ के मानिंद मैं गली
अगले जनम में हूँ चँबेली बन खिली

बाग़ में तुम्हारे, प्यारे!
देर न लगाओ, आओ,
लुत्फ़ फूलों का लो, मेरे गुलगूँ!
भला इस क़दर मुझसे नफ़रत क्यूँ?

ख़ून-ख़ून आँखों में नींद का नाम नहीं
मेरे ग़मज़दा दिल को एक पल आराम नहीं
तुमको परवा भी नहीं मेरी इस बदहाली की
बेरुखी तुम्हारी ये, ही है मेरी तारीकी।
ढो रही हूँ खुद ये सब, किससे कहूँ—कैसे कहूँ—
इस क़दर मुझसे नफ़रत क्यूँ?

मेरा समूचा वजूद तुम्हारे ही गिर्द घूम रहा
वो जामा, वो गहने, वो कलमा,
और वो शानो-शौकत भरे दिन जवान ख़्वाबों के!
तुम्हें वो सब नहीं याद आता यूँ?
भला इस क़दर मुझसे नफ़रत क्यूँ?

पहाड़ियों और घाटियों में तुम्हारी तलाश
दिन-दिन-भर
और शाम को ये बे रूहेरवाँ लाश!
भूल गये मेरे पकाये वे लज़ीज़ पकवान
और वो दस्तरख़्वान?
एक ही सवाल बार-बार मुझे करता है बे सुकूँ—
इस क़दर मुझसे नफ़रत क्यूँ?

तुम्हीं, बस तुम्हीं से जुड़ी मेरी चाहत
ये अश्कों के दरिया की कैसी वजाहत!
मुझे डर है तुम भूल जाओ न रस्ता!
कि चाहत मिरी और भी हो शिकस्ता!

करो, कुछ करो, ताकि बीते य' शबख़ूँ!
इस क़दर मुझसे नफ़रत क्यूँ?

कितना अकेला, कितना उदास मुझे छोड़ गये तुम
ख़ाली और बेरौनक मिरी उमीदों का खुम
लुढ़क रहा यहाँ-वहाँ,
जवानी बस्स् ज़ख़्म! ज़ख़्म!
मिरे ख़्वाबों के ख़ूँ पर
ग़ैर के सँग इश्रत क्यूँ?
इस क़दर मुझसे नफ़रत क्यूँ?

रंजोग़म तुमने दिये जो भी, बेरुखी जो दी
मैंने बाँटी न बहारों से, ज़ब्त खुद कर ली।
हाँ, मगर तुमको रास आई कैसे खुदगरज़ी
कि कूड़ेदान में यादों के, मुझे फेंका यूँ?
इस क़दर मुझसे नफ़रत क्यूँ?

शोलों के हवाले कर दी है मैंने अपनी क़िस्मत
कि दूर हो जाऊँ तुम्हारी नज़रों से।
अरमान दफ़्ना दिये हैं बहुत गहरे
कि आइंदा सवाल न कर पाऊँ—
क्यूँ भला, इस क़दर मुझसे नफ़रत क्यूँ?

क्या रिश्ता रहा भला...

क्या रिश्ता रहा भला ज़िन्दगी से
ठुकरा दिया है जब उसने मुझे!

उर्फ़ां तो हैं सबके लिए
ईद लेकिन सिर्फ़ प्यार करने वालों के लिए।
क्या मतलब ईद का प्यार के बिना
ठुकरा दिया है जब उसने मुझे!

अंदर मेरे है एक लगातार जलती आग
महसूसती हूँ किसी भट्टी में सिंका खुद को–
सारी देह भरी हुई फफोलों से
ठुकरा दिया है जब उसने मुझे।

बर्फ़ के मानिंद उसने मुझे पिघलाया
और किसी पहाड़ी नदी या नाले की तरह
ढलान का रुख मेरी क़िस्मत में लिख गया–
ठुकरा दिया है यूँ उसने मुझे।

क्या रिश्ता भला अब हो सकता है ज़िन्दगी से
ठुकरा दिया है जब उसने मुझे!

इस तरह न गुम हों किसी के बचपन के दिन

कैसी तो धधकती आग मैंने पाल रखी है अपने भीतर!
इस तरह न गुम हों किसी के बचपन के दिन।

घर में शहद और मिस्री पर मेरी परवरिश हुई
हर रोज़ दूधों नहलाया जाता मुझे,
अब आवारा मँगतों जैसी घिसट रही है ज़िन्दगी–
इस तरह न गुम हों किसी के बचपन के दिन।

कैसा तो प्यार उँडेलते थे अब्बा-अम्मी मुझ पर,
मामाएँ रखतीं मुझे हर पल अपनी पलकों पर,
किसने सोचा था, इस तरह ढह जायेगा य' घर!
इस तरह न गुम हों किसी के बचपन के दिन।

तालीम के लिए भेजा गया मुझे इक दूर की बस्ती में
वहाँ हर रोज़ मुल्ला जी बेरहमी से मुझ पर सण्टी सटकारते
उभर आतीं मेरे अंग-अंग पर मोटी-मोटी स्याह बरतें।
इस तरह न गुम हों किसी के बचपन के दिन।

विदा की गई मैं दूर गाँव, दुल्हन बना कर
सखियाँ पीछे-पीछे चलीं ब्याहुले गीत गाते;
जबकि इश्क़आलूदा मेरा दिल दुःख से बिलख रहा था...
इस तरह न गुम हों किसी के बचपन के दिन।

अब्बा-अम्मी ने असीसा, कि मेरा बियाह फूले-फले
वहाँ नीचे; मेरी ससुराल वाले अगवानी के लिए थे खड़े

और मेरी डोली झलमला रही थी चाँदी के पत्तरों से।
इस तरह न गुम हों किसी के बचपन के दिन।

मैं यहाँ हूँ और तुम कितनी दूऊऊर हो वहाँ
कैसे तो एकदिल-एकजान थे हम दोनों!
किसने सोचा था ये इमारत ढह भी सकती है कभी!
इस तरह न गुम हों किसी के बचपन के दिन।

मुट्ठी-भर भात भी किसी को जिलाये रख सकता है भला
परवरदिगार के रहम का साया न हो अगर सिर पर?
और हब्बा ख़ातून के पास थी मटकों शराबे-इश्क़!
इस तरह न गुम हों किसी के बचपन के दिन।

किसे पता था भला

किसे पता था भला, कहाँ मैं जनम लूँगी
कहाँ जाऊँगी दुल्हन बन कर, किसे पता था भला!

दूऊऊर से एक दिन किसी ने मुझे देखा
भागी मैं लैयन-पैयन घर को, मैया री,
फिर, लेकिन, बाहर आई—खुदा जाने, क्यूँ?

कहाँ जाऊँगी दुल्हन बन कर, किसे पता था भला!

सोचा, माँ के आगे दिल की गाँठ खोलूँगी,
फिर बदलना पड़ा इरादा, डर से इस तोहमत के
कि नये-नये अँखुआए प्रीति के पौधे को
बढ़ने-बड़रने और फूलने नहीं दिया मैंने।

कहाँ जाऊँगी दुल्हन बन कर, किसे पता था भला!

फिर एक दिन पीले कर दिये गये मेरे हाथ आखिरकार।
शहर में पली-पोसी लड़की एक गाँव में आ गई।
क़िस्मत के लेखे को कैसे मैं बदल पाती!

कहाँ जाऊँगी दुल्हन बन कर, किसे पता था भला!

एक दिन फिर, घर घसीट लाई मुझे मेरी चाहत,
जहाँ मेरी खुशक़िस्मत भावज ने ताना मारा
कि जनमते ही क्यूँ न मर गई तू, कुलच्छनी!

कहाँ जाऊँगी दुल्हन बन कर, किसे पता था भला!

ओ मिरे अब्बू-अम्मी!

नरक हो गई है ससुराल में ज़िन्दगी मेरी
इससे उबारो मुझे, ओ मिरे अब्बू-अम्मी!

पानी ला रही थी जब मैं, अचानक घड़ा फिसला
और गिर कर टूट गया,
अब मुझे दूसरा घड़ा लाना पड़ेगा
या चुकाना पड़ेगा घड़े का मोल,
मिरे अब्बू-अम्मी!
नरक हो गई है ससुराल में ज़िन्दगी मेरी
इससे उबारो मुझे, ओ मिरे अब्बू-अम्मी!

चढ़ना-उतरना पठार पर इतना मुश्किल
कि छीजती लगे है उभरती जवानी मेरी।
टूटे घड़े के टुकड़े बटोरते
एक टुकड़ा मेरे पाँव में गड़ गया—
नमक छिड़के जैसा, अब तक टीसता है ज़ख़्म,
मिरे अब्बू-अम्मी!
नरक हो गई है ससुराल में ज़िन्दगी मेरी
इससे उबारो मुझे, ओ मिरे अब्बू-अम्मी!

चरखा चलाते वक़्त नींद ने यूँ घेरा
कि हत्था टूट कर अलग उसका हो गया।
दौड़ी-दौड़ी आई सास—
झोंटा पकड़ मुझे यूँ झिझकोर डाला
कि उससे तो मौत ही बेहतर, मिरे अब्बू-अम्मी!

नरक हो गई है ससुराल में ज़िन्दगी मेरी
इससे उबारो मुझे, ओ मिरे अब्बू-अम्मी!

किस क़दर तरस रही मैं इक दिलनशीं के लिए
कि ये आँखें मेरी तोड़े डाल रहीं अपने सारे कगारे!
इसी तरह फ़क़त बता सकती है हब्बा ख़ातून
दिल की हालत अपने, बहुत-बहुत प्यारे
ओ मिरे अब्बू-अम्मी!
नरक हो गई है ससुराल में ज़िन्दगी मेरी
इससे उबारो मुझे, ओ मिरे अब्बू-अम्मी!

और...दिन आहिस्ते-आहिस्ते पच्छिम में डूब गया

ऐसी मगन हुई खेल-खिलवाड़ में, कि खुद को खो दिया
और...दिन आहिस्ते-आहिस्ते पच्छिम में डूब गया।

अहाता घर का और बुर्क़ा
नज़रबन्द रखा दोनों ने मुझे—
ठेंगा नहीं दिखाया जब तक मैंने उन्हें,
और तब, सारी चौहद्दियाँ तोड़ डालीं मिरी शोहरत ने—
ऋषियों-मुनियों तक का मन डोल गया।
और...दिन आहिस्ते-आहिस्ते पच्छिम में डूब गया।

चुनिंदा चीज़ों से सजी थी मेरी दुकान
और सारा आलम उमड़ पड़ा आन-की-आन,
जैसे ही, लेकिन, उड़ गया माल सारा,
सच कहूँ, मेरा सारा भरम टूट गया।
और...दिन आहिस्ते-आहिस्ते पच्छिम में डूब गया।

रगों में था मेरे खानदानी माँ-बाप का ख़ून
नाम दिया इसीलिए उन ने हब्बा ख़ातून!
कितने ही गभरू और बाँके जवानों ने
थामने को मेरा हाथ दावा अपना पेश किया,
और...दिन आहिस्ते-आहिस्ते पच्छिम में डूब गया।

●●●

अरणिमाल के गीत-गान

अनुवाद

मधु शर्मा

अरणिमाल : ज़िंदगी का सफ़र

सुरेश सलिल

कश्मीरी कविता में प्रेमपरक भावधारा प्रवाहित करने का श्रेय हब्बा ख़ातून को जाता है। उस प्रवाह को जारी रखने और आगे ले जाने का काम किया हब्बा से दो सौ वर्ष बाद सामने आई कवयित्री अरणिमाल ने।

अरणिमाल का जन्म श्रीनगर से कोई 19 मील दूर, उत्तर दिशा में सिन्धु नदी के तट पर आबाद, पल्हालन नामक ग्रामांचल में सन् 1738 के आसपास हुआ था। आर्थिक दृष्टि से अरणिमाल का मायका अच्छी खाती-पीती हैसियत का था और उसके पिता की गणना गांव-जवार के संभ्रांत-प्रतिष्ठित लोगों में होती थी।

किन्तु अरणिमाल के जीवन में विडम्बनाओं की शुरूआत उसके बाल्यकाल में ही हो गई। 'विवाह' शब्द का ठीक-ठीक अर्थ अभी वह समझ भी न पाई थी, कि ग्रामीण सामाजिक चलन की शिकार होकर वह विवाह के बंधन में बांध दी गई। इस तरह देखें, तो उसका जन्म बेशक पल्हालन में हुआ, शैशव भी माता-पिता की वत्सल छाया में बीता, किन्तु बचपन में प्रवेश करते न करते, वह 'बालिका वधू' बनकर ससुराल के घर में पहुँच गई। उसका विवाह श्रीनगर में डल झील के पश्चिमी किनारे पर बसी बस्ती 'रैनावारी' के एक काचरू परिवार में हुआ और उसका 'पति' तक़रीबन उसी की उम्र का था। उसका नाम था भवानीदास।

इस तरह अरणिमाल और भवानीदास एक ही घर में, एक ही छत के नीचे, बचपन से चलकर जवानी की उम्र तक पहुँचे। इस तरह तो आगे चलकर दोनों का दाम्पत्य सुखद और खुशहाल होना चाहिए था! किन्तु दुर्भाग्य से ऐसा हो नहीं पाया।

भवानीदास प्रतिभाशाली था और उसके सुशिक्षित माता-पिता ने उसकी प्रतिभा के अनुरूप, तत्कालीन पैमाने के अनुसार, उसे उच्च शिक्षा दिलाई। फारसी ज़बान और अदब में भवानीदास ने ऊँची काबिलियत हासिल की, और इसी काबिलियत

के चलते, जवानी की दहलीज छूते ही कश्मीर की तत्कालीन अफ़ग़ानी हुकूमत में एक ऊँचे ओहदे पर उसकी तैनाती हो गई।

हाकिमों के तबके की रुचियाँ, मान्यताएँ और प्राथमिकताएँ अलग ही होती हैं। अरणिमाल घर की चारदीवारी में बड़ी हुई थी, ख़ूबसूरत थी, पढ़ी-लिखी भी ठीक-ठीक थी और दिल के म[illegible] में भी कमतर नहीं थी, लेकिन उस ज़माने का सामंती समाज, विशेषकर ऊँची बू-बास वाले पुरुष, ब्याहता पत्नियों को पैर की जूती समान समझते थे, और दिल-बहलाव के लिए तवाइफ़ों के कोठों की ओर रुख करते थे। भवानीदास भी इन रुझानों से बरी नहीं थे। अरणिमाल के मन में भवानीदास के प्रति बेपनाह प्यार था। बचपन से ही एक छत के नीचे, बाल सखा की भाँति, दोनों पले-बढ़े थे। लेकिन दुर्भाग्य ही था, कि पति का प्यार पाने से वह वंचित रही। उसका कवि-हृदय भी भवानीदास को रिझा नहीं पाया, क्योंकि भवानीदास को भी कवि होने का गुमान था। उन्होंने 'बहरेतवील' उन्वान से फारसी में एक मस्नवी लिखी थी, जिसकी वजह से अदब की ऊँची मजलिसों में उन्हें इज़्ज़त बख़्शी जाती थी, जबकि अरणिमाल की लोकवादी कविता को उस समाज में हेठी निगाह से देखा जाता था। यही सब वजहें थीं, कि एक पत्नी के रूप में उसे निरंतर उपेक्षा का जीवन जीना पड़ा और एक संवेदनशील कवयित्री के बतौर करुणा और वेदना उसके हिस्से आई। ससुराल पक्ष की उपेक्षा के ही चलते, उसके वयस्क जीवन का अधिकांश मायके में बीता और उसके अंतरंग साथी उसके गीत रहे। यह भी विडम्बना ही है, कि भवानीदास को आज कोई नहीं जानता, या कहें कि अरणिमाल के ही हवाले से जानता है। उसकी मस्नवी भी गुमनामी की चीज़ हो गई, जबकि अरणिमाल के गीत एक से दूसरे होंठों का सफ़र तय करते, आज दो-ढाई सौ साल बाद भी कश्मीरी अवाम के दिल में बसे हुए हैं। हब्बा ख़ातून की भाँति, अरणिमाल के गीत भी सदियों तक वाचिक परम्परा में ही सुरक्षित रहे—गायक निरंतर उन्हें मौसीकी महफ़िलों में गाते रहे। 1935-36 में पहली बार उन्हें कागज़ पर उतारा गया, तब वे लिखित कश्मीरी कविता का सिरमौर बने।

अरणिमाल के निधन का साल मोटे तौर पर सन् 1800 माना गया है। इस हिसाब से उसे कोई 60-62 साल की उम्र मिली। लेकिन लोकविश्वास यह भी है, कि उसे लम्बी उम्र नहीं मिली थी, बहुत कम उम्र में उसका निधन हुआ। जो भी हो, आज कश्मीरी कविता में हब्बा ख़ातून और अरणिमाल के गीत-गान अमर काव्य के रूप में प्रतिष्ठित हैं और इन दोनों महान कवयित्रियों को 'कश्मीर की कोयल' के रूप में याद किया जाता है।

ओ सोनजुही

ओ सोनजुही, ओ सोनजुही
तू जंगल-झाड़ी बीच खिली
घर अपने पालाहालन में

तू नहीं अभी मुरझाने वाली
नहीं कँटीली झाड़ी के सँग
पल-भर में जल जाने वाली

तुझे तोड़ लेगा वनमाली
ओ माला में गुँथने वाली
किस पूजा में शेष हुई तू
किस साधन में मिटने वाली

मुझ पर बिखरेगा जादू जब
मुझको थामेगा कौन नशा
ओ मेरी बुलबुल मुझे बता
तब उतरेगी तू कौन दशा?

फूलों के पाँवड़े बिछाये मैंने

फूलों के पाँवड़े बिछाये मैंने उसके लिए
महकेंगी सोनजुहियाँ पूरी उमर
ये तो उसके लिए

खुशियाँ लायेंगी ये
जीवन की राह में
गुलदस्ते रहने दो ये
उसकी ही बाँह में

गहरा ये प्यार मेरा
गहरा नशा है
उसका ही प्यार मेरे
दिल में बसा है

जब भी मैं देखूँ उसको
जाता है जीवन पीछे
अब भी लगता है मुझको
दिन थे वो कितने अच्छे

दिल में बसा लूँ उसको
जीवन के वास्ते
गुलदस्ते दे दो उसको
मेरे ही वास्ते।

दिल में जो छलके मेरे प्यार री

दिल में जो छलके मेरे प्यार री!
उसके लिए ही भरे
मदिरा के प्याले ये, मदिरा के प्याले, कोई
उसको तो लाओ ना बुलाय,
बुलाय मेरे वास्ते।

पर्वत की ढालों पर
या लहरीली घासों-पार
कहीं पर जहाँ भी पाए
कहना ये उसको जाय
खुशियों की हरदम मैंने, माँगी दुआएँ मैंने
माँगी दुआएँ तेरे वास्ते।

जब से गया री वो
बँधियाये हिरना जैसी
कितनी मैं हुई असहाय री
अरी कोई, उसको तो लाओ ना बुलाय
बुलाय मेरे वास्ते।

हँस-हँरा सजाये मैंने थाल री
चीनी के पूओं वाले थाल री
रंगीली छवियों वाले थाल री
अरी कोई उसको तो जाय के खिलाये
खिलाये मेरे वास्ते।

कितनी बेचारी री मैं
प्यार की मारी री मैं
जादू की छड़ी ये तो यार की
अरी कोई, उसको तो लाओ ना बुलाय
बुलाय मेरे वास्ते।

सहने को पाई है ये पीर री
इसका नहीं है कोई तीर री, अरी कोई ऽ ऽ
उसको तो लाओ ना बुलाय
बुलाय मेरे वास्ते।

आदि भरोसा एक

आदि भरोसा एक
सभी को जो है पाले रे
बिखरा दे अँधियारा मेरा
तेरे उजाले रे।

दूर देश की भटकन उसको
खुशियाँ लाती रे
थाम प्रतीक्षा खड़ी उम्मीदें
लम्बी काती रे।

× × ×

हर सू बो दी जाए यारी
धरती खाली रहे नहीं
जीवें सारे यार
मौत कोई दुश्मन वाली मरे नहीं।

प्रिय मेरे

प्रिय मेरे
फूल मेरे!
कितना मुरझायी मैं तेरे वास्ते

आओ, आ जाओ
तड़पूँ मैं
कितना मुरझायी तेरे वास्ते

वचन भरे धुर तरुणाई के
तुमने काहे तोड़ दिये
वही वचन ओ मिठड़े याराँ
तड़प रही हूँ लिए-लिए।

ओ मेरे चरखे

मत कर तू चर्र-मर्र
ओ मेरे चरखे
डालूँगी तेल तेरी भूसे की डाट में

थिगली से उठ जाऽऽ घास की
ओ मेरे रत्ले
नरगिस खड़ी है तेरी बाट में

हाथों में थामे इक सूरा-कटोरा, मेरे ऽ ऽ
जी में चमेली दूखे
खिलने की आस में

ओ मेरे चरखे
मत कर तू चर्र-मर्र
डालूँगी तेल तेरी भूसे की डाट में।

कितनी पीराई मैं

कितनी पीराई मैं
उसके ही वास्ते
आने को आना था जो
इक फेरे वास्ते
लहू चढ़ेगा अब ये
तर्पण के वास्ते

चाहूँ मैं; जाने वो
पंखों पे आया यौवन
हाथों को जोड़े ठाढ़ा, जाने के वास्ते
फूली अंगूरी बेलें
ऐसे क्यों कुचली जाएँ
काहे के वास्ते

किसको बताऊँ जाके
हँसते हैं मेरे दुश्मन, मेरी ही जोट के
किसको कहूँ मैं जाके
देता है घाव वो तो
चुप्पी की चोट के

बरसा वो और भी ज़्यादा
दूजे के गाँव में...
आखिर में दिल को डाला
धीरज की छाँह में।

कब पाँव पड़ेंगे आँगन में

कब पाँव पड़ेंगे आँगन में!
है चाह यही अब इस मन में
चरणों में ही बस पड़ी रहूँ—
माँगू ये वर मन ही मन में।

तार-तार कर सारे परदे
प्यार किया है बस तुझसे
इतने पर भी आ ना सकेगा
प्रियतम, क्या तू फिर से!

हीमाला-सी, आज सूख कर
तुली हुई हूँ इक पर से
आ जाओ ना, आ जाओ ना
प्रियतम मेरे, तुम फिर से!

फीका-सा रूप गिरा

फीका-सा रूप गिरा
कुम्हलाए फूलों का
गरमी के बीच खिला
जी में चमेली वाला फूल री
कैसी धूप में!
उसको ना देखूँगी क्या,
फिर से मैं रूप में?

मालिक-सा उसको पूजा
रब जैसा मान के
काहे गया री वो
चुप्पी-सी तान के—
तानों के बीच मुझे लुटने को छोड़, अब
ना देखूँगी उसे क्या मैं पहले-से रूप में?

तड़के चलेंगे उसको
पर्वत पे खोजने
पर्वत पे खोजने, कि घाटी में खोजने,
जोहूँ मैं बाट उसके पहले से मेल की।
ना देखूँगी उसे क्या मैं पहले से रूप में?

आजा, मैं पड़ी रहूँगी पदकमलों तेरे

आजा, मैं पड़ी रहूँगी पदकमलों तेरे
अँखियन के तारे
तरुणाई के मीत मेरे, ओ प्यार मेरे

इक धुन पागल-सी थी छल्ले-टूम की
नशा नहीं था मुझे चढ़ा जब तरुणाई का

अब उदास हूँ कितनी, तेरे कारण, आ
तरुणाई के मीत मेरे, ओ प्यारे आ!

चाल कबूतर जैसी तेरी दिलकश है
टेढ़े-मेढ़े से नदिया के इस तट पर
एक अजब-सी टीस टीसती है दिल को
बिरह में ये लगे कि बुलाते तुम मुझको
तरुणाई के मीत मेरे, ओ प्यारे आ!

फूल खिले हैं पीले नदिया के तट पर
आ पहुँचा ऋतुराज, धरा के इस घट पर
एक आस से भरा-भरा दिल है मेरा
होगा ही, अब होगा, बस दरस-परस तेरा
रख दूँगी जीवन यह चरणों में तेरे
तरुणाई के मीत मेरे, ओ प्यारे आ!

फूलों में खिलती थी

फूलों में खिलती थी–
चन्दन के तेल से मैं
धोती इस देह को जब,
ये सब चुराये मेरे प्यार ने

दिल की बगिया में मेरे
फूले थे फूल नये
सोचा था जा पकड़ूँ मैं
बेखबरे यार को
सिर पे सजा दूँ उसके
फूलों के ताज को
पर, ये सब चुराये मेरे यार ने।

मुझ पर हँसते दुश्मन मेरे

मुझ पर हँसते दुश्मन मेरे
कि वो मुझको मिला नहीं
दूजों के संग रास रचाता
होगा शायद और कहीं

खाक हो गयीं चट्टानें भी
चाहत की इस आग में
प्रेम लुटेरा लूट ले गया
धोखे से सब फाग में

बहुत हिम्मती दिल था मेरा
वो भी लेकिन बचा नहीं
पोर-पोर दुखती है, पूछो
दर्द देह में कहाँ नहीं

वजह यही कि खेल रहा वह
संग दूजों के और कहीं
मुझ पे हँसते दुश्मन मेरे
कि वो मुझको मिला नहीं।

जब मेरा सांईं लौटेगा मेरे पास

जब मेरा सांईं
लौटेगा मेरे पास
पूरब की चोटी से ज्यों
उठता है सूरज,
उठेगी तकदीर मेरी
लिए चेहरे पे हास।

कौए ने तड़के ही
खोला था राज री,
आने ही वाला है
सैयाँ मेरा आज ही

सिंधु के सोहने जल में
मल-मल नहाऊँगी
केसर, कपूर, अम्बर,
अतर लगाऊँगी

तरसाये प्यार मेरा
मेरा सरताज री,
जादू-सा छाये उसका
नाम भी आज री,
कैसा है बैरी वो
कैसा बेप्रीत री,
प्रीति ना जाने वो तो
जाने ना रीत री।
सब कुछ को छोड़ उसे
अंग लगाऊँगी
मुश्किल हों कितनी चाहे
गुण उसके गाऊँगी।

अरज करूँ हूँ मेरे मीत

अरज करूँ हूँ मेरे मीत
बता दे तू कसूर रे ऽऽ, मेरे हिया का

बेदर्दी कहीं दूर बसा है
बिरही अगन ने मुझको डसा है

जाना ये जब से मैंने
दिल में आया है उसके
जानूँ ना कौन रहने
दूखे है बस यही घाव रे ऽऽ, अब मेरे जिया का

खाने को खा न सकूँ मैं
पीने को पी न सकूँ मैं
चुभती है एक यही बात
लागा जिया कहीं और रे ऽऽ, हाय! मेरे पिया का

रोम-रोम मेरे होने का

रोम-रोम मेरे होने का
थर-थर काँपे, तेरे प्यार से
'नहीं' कह दिया आज नींद को रूपा ने।

खोल दिखा दूँ गर दिल अपना
सूखे पत्ते-सी झर जाऊँ
लॉकेट-सी फिर आ झूलूँगी सीने से
'नहीं' कह दिया आज नींद को रूपा ने।

आ, घर में रुक, नामों वाले
बिछे पाँवड़े साँसों वाले
गुड़िया बनकर राह तकूँगी
बाँदी-सी बन, बाट जहूँगी
'नहीं' कह दिया आज नींद को रूपा ने।

बाग-बगीचे छोड़ चुका वो
मुड़ कर आना भूल चुका वो
फूल खिलें तो मिल लूँगी मैं
भरा-भरा ये दिल दूँगी मैं
'नहीं' कह दिया आज नींद को रूपा ने।

काहे को मैंने

काहे को मैंने
और काहे को उसने
छोड़ी ये दुनिया, छोड़ा घर बार
मारा मुझे रख दूर
        रख दूर अब सारा ही प्यार

छोड़ा मुझे आधी रात
अकेला बेबात री

सिंधु से आयी हवा
ठंडा हुआ सारा गात री
किसको सुनाऊँ जाके
किससे कहूँ दुख की बात री

सज-धज के आयी मैं
मोह में भरमायी मैं
रस्ते में खड़ी रही
गफ़लत में पड़ी रही
हँसी उड़ाये सारी जात
अब, किसको सुनाऊँ दुख की बात री!

इक हूक उठी

इक हूक उठी
मेरे पाँव खिंचे
तेरी ओर बढ़े
तब बाट जोहती आँखों से

इक इच्छा कूदी
कहीं भीतर से तब—
'तू जीए उतना
ऋषि रूमा जितना'

फिर रब ही जाने
जाने कौन बहाने
तुम बच निकले
उस कालिख से
जो प्रेम के गहरे
काजल की थी।

इच्छाएँ थीं गहरी

इच्छाएँ थीं गहरी
गहरी उम्मीदों के दिन थे
अर्थ नहीं था कुछ भी इनका
ये सब तेरे बिन थे

आँखें थीं बस टप-टप करती
भीगे हुए फिरन थे
समय नहीं अब बचा जरा भी
बस जाने को दिन थे

खिली जवानी लेकर मैं तो
पास तिरे थी आयी
झूठी शानो-शौकत में
ये बातें नहीं समायीं

रख छोड़ा लाचार मुझे
अब हँसी उड़ाये दुनिया,
खत्म हुए सब खेल-तमाशे
बैठी रोये मुनिया।

काहे नहीं वो मेरे पास री!

काहे नहीं वो मेरे पास री!
दिल को जो धोया चन्दन-तेल से
जी को चुराया रातों-रात री!

धोया री, धोया पूरा गात री!
हाय बेकार गया, न्हाना-धोना ये सारा
काहे खँगाला बिना बात री!

जंगल-तो-जंगल

जंगल-तो-जंगल, बीबी, पिया फिरे
अरी बीबी ऽ ऽ
अब ना आयेगा वो क्या लौट के ऽ ऽ?

मुझसे पूछा था उसने 'जंग़ल चलें?'
अरी बीबीऽऽ, वो तो बसा है कहीं दूर री ऽ

कैसे सहूँगी जी की आग ये
अरी बीबी ऽ ऽ
अब ना आयेगा वो क्या लौट के?

काहे को भटके वन में

काहे को भटके वन में
मेरा पिया
मैं तो हूँ इकली
धधके मेरा जिया

धधके ये आग
फूँके मेरा हिया
अम्बर के बीच चमके
जैसे बिजुरिया

चक्कर कटाएँ मुझे
मेरे ये केश घने
हर पल नचाएँ मुझे,
मेरा ये वेश बने

गहरा है कितना मेरा
पहला ही प्यार ये
फीका ना बिल्कुल होगा
मेरा री प्यार ये।

साँझ को छोड़ा उसने

साँझ को छोड़ा उसने
रस्ते बेआसरा
कैसे राखूँ री भरोसा बेईमान का!

फटा री कलेजा
जामा चीरा चाक-चाक री
चेहरा री छुपाया
सारे जीवन की मौज का
सहने को छोड़ दिया
ताने तीखे तीर वाले—
कैसे राखूँ री भरोसा, बेईमान का!

पिया जी आये ना

पिया जी आये ना
दिये ना दरशन री!
बोली-ठोली से कैसा
दूखे है मन री!

उमर इक दूजी दे दो
मुझे उपहार में
कि उसको नाम कर दूँ
तेरे ही प्यार में

बड़ी बेदर्द हुई है
अगन ये प्यार वाली
उलाहना क्या दूँ इसको
है दुश्मन-यार वाली

उसे भी खाती ही है
अगन ये चाहत वाली
नहीं भी किसी तरह से
तपन ये राहत वाली

खेल सब क़िस्मत के हैं
उसी की हिकमत के हैं
दिये हैं सहने को ऽ ऽऽ
इन्हीं में रहने को

कोई सुलझाये कैसे
भेद ये सोने जैसे
बँधे कितने तारों से
नहीं सुलझन के जैसी
बँधी गाँठें पेंचीली ऽ ऽ
        कितनी प्यार से!

यही अब अच्छा होगा—
मुझे कटने दो उसकी
तेज तलवारों वाली
अजब-सी बड़ी कटीली
अदेखी चाहत वाली
नयी-सी धार से!

वो' कब आयेगा मिलने

वो' कब आयेगा मिलने
अपनी इस पद्मिनी से
डूबी है प्रेम में, और
डूबी है आँसुओं में

भूलूँ मैं कैसे दुख वो
जलने से जो मिला
गालों पर बहते आँसू
करते हैं यही गिला

ये ही हैं पक्के साथी
जैसे दीया और बाती
आँसू ये यूँ मिले हैं
रोटी तक आ घुले हैं।

मैं तो थक कर चूर हुई

मैं तो थक कर चूर हुई
अब और पुकारूँ कितना
सुन ही लेगा अब वह मुझको
नहीं भरोसा इतना

चुपके से उड़ चला पखेरू
यौवन ये, ना आने को
छोड़ गया वह मुझको पग-पग
ठोकर खाते जाने को

सुन ही लेगा अब वह मुझको
नहीं भरोसा इतना
मैं तो थक कर चूर हुई
अब और पुकारूँ कितना!

कुर-कुर करके टूट रहे जो

कुर-कुर कर के टूट रहे जो
ये हैं वादे उसके
इन्हें निभाना नहीं रहा अब
शायद बस में उसके

हुआ टोटका शायद उस पर
रब ये कैसी मार पड़ी
कौन बचाए, टोना तोड़े
सोच रही हूँ खड़ी-खड़ी

टोना तोड़े, उसे मोड़ दे
फिर से कोई मेरी ओर
कहाँ टिका है हरदम कोई
चले भाग पर किसका ज़ोर

फूल खिले मुरझाते देखे
पल में, खिलती क्यारी में
ये सब लिखे भाग के लेखे
दोष लखे सन्नारी में

आए कोई, टोना तोड़े
उसे मोड़ दे मेरी ओर
उस पर शायद अब चल जाए
किसी पीर का कोई ज़ोर।

कौन किस पर करेगा भरोसा, मेरे यार!

कौन किस पर करेगा भरोसा, मेरे यार!
कैसे ठग बैठा मुझे ही मेरा प्यार
आँख जैसे लगी, उसने खींची मेरी बाँह
सारे गंडे-ताबीज मेरी देह में गड़े
मेरी देह पे रहे ना, जो थे गहने पड़े
कैसे छीना सभी कुछ, बची ना मेरी जान
कैसे ठग बैठा मुझे ही मेरा प्यार
कौन किस पर करेगा भरोसा, मेरे यार!

काहे तू हँसे है ऐसे

काहे तू हँसे है ऐसे
मुझ पे मेरे यार
कोई भला सहे कैसे
तेरे जैसा प्यार

जानूँ ना कैसे हुई
मुझ से ये भूल
संग-संग हवा के
उड़े री, मेरे फूल

खिड़की पे खटखट
कि यार मेरा आया है
खोल के जो देखा तो
हवा का इक साया है

जानूँ ना कैसे हुई
मुझ से ये भूल
संग संग हवा के
उड़े री, मेरे फूल।